돌아보면
길이었다

돌아보면 길이었다

권오경 시집

육일문화사

 서시1

찰나

한순간이다.

상행선에서 바라보는 하행하는 승객,
스쳐 지나간 그 여인은
수천의 밤을 달려온
비너스의 불빛이다.

길을 걷다가,
혹은 꿈속에서 생각난
시의 한 구절이 기억나지 않듯이.

때로는 사랑이 주는
번개 같은 전율.

내가 사는 하루도
피었다 지는
봄날의 낙엽이다.

 서시2

시를 쓰는 이유

어느 날,
숭어 한 마리가 강물을 거슬러 하늘로 날다가
물방울 춤을 추며 강으로 돌아갔다.

숭어는 유년의 꿈을 닮았다.
소년이 강둑에서 바라본 그 무지개.

강은 바라보는 것이 아니라
건너는 것임을
숭어를 보고 알았다.

하늘이 서러우면
삶은 설명되지 않는 법.

어른이 된 소년은 새 이정표를 세웠다.
무디지 않을 연필을 깎으며.

마음속 강물이 마를 때마다
언어의 밭을 갈고 침묵의 꽃을 키웠다.

시의 씨앗은
오래된 기억,

스쳐간 한마디,
혹은 깊은 강 속에서 자라났다.

꽃은 자라서 숭어가 될 것이다.
나도 햇살 닮은 시를 낳는 숭어가 되고 싶다.

무지개 같은 눈을 가진.

2025년 시월에

권오경

● 차례

서시1_ 찰나
서시2_ 시를 쓰는 이유

1부 | 빈자리의 노래

15 불면의 밤
16 새벽에 깨어
17 그리움
18 소식없는 날들
19 그리움은
20 눈비 오거든
21 가을이 가지 못하네
22 장독을 묻으며
23 너에게로 가는 길은
24 장미와 울타리
25 커피와 빵
26 사랑하기로 하자
27 월광 소나타, 보문호에서
28 장작을 태우며
29 보이차를 마시며
30 정조正祖 애미의 한중恨中
32 천일야화: 세에라자드에게

2부 | 그림자의 무게

인생의 순서　37
해는 아침부터 지고 있었다　38
호수 풍경　39
가을 우주　40
인생 공부　41
담쟁이　42
흔들바위　43
낙타의 꿈　44
좌망坐忘1　45
좌망坐忘2　47
산행1: 이정표 없이　48
산행2: 이정표를 세우며　49
산행3: 하산　50
말하지 않아도 알게 되는　51
짧지만 긴 의문　52
왜 사냐면　53
알지 못합니다　54
다시 태어난다면　55
프로메테우스의 꿈　56
겨울 독락獨樂　57
밤하늘　58
너는 운명이다　59
다짐　60
인생살이　61
인생은 달빛 품은 강물이다　62

3부 | 강을 건너며

65 흔들리며 가는 강물
66 강물과 다리
67 마음이 허虛하거든
68 말의 무게
69 눈을 감으면
70 숨겨진 것들
71 저마다의 무게로
72 너를 닮은 그림자
73 인생은
74 산책길
75 동행
76 뒷바퀴에 걸린 시간들
77 인생
78 산속 계곡물
79 하루
80 까페에서
81 나비는 담을 넘고
82 구월의 달력

4부 | 풍광의 숨결

봄이 오는 길목　85
봄의 공간　86
목련이 지는 이유　87
동백꽃　88
나무 친구　89
루앙프라방 메콩강에서　90
박수기정에서, 파도의 꿈　91
청도 유등지에서　92
가을 어느 날　93
오색단풍나무　94
낙엽은 아직 땅에 닿지 않았다　95
아침 단상　97
수영강의 일몰　98
운문댐 겨울 풍경　99
겨울 호수　100
녹턴 NO.20, 겨울 강 백조처럼　101
겨울 이별　102
함박눈이 내리던 날　103
주문진 바닷가에서　104
풍란　105
낙동강은 거꾸로 흐른다　106

■ **작가노트** / 108

1부 빈자리의 노래

불면의 밤
새벽에 깨어
그리움
소식없는 날들
그리움은
눈비 오거든
가을이 가지 못하네
장독을 묻으며
너에게로 가는 길은
장미와 울타리
커피와 빵
사랑하기로 하자
월광 소나타, 보문호에서
장작을 태우며
보이차를 마시며
정조正租 애미의 한중恨中
천일야화: 세에라자드에게

불면의 밤

시간은 새벽 세 시
불면의 계절인가 하얀 밤을 새고 있다.

모로 누웠다가
반듯이 누웠다가.

뒤척이는 건 봄날도 마찬가지,
추웠다가 풀렸다가.

그리움도 선잠 자듯
꿈조차 애태운다.

새벽에 깨어

어머니를 멀리 보내고
새벽녘에 바라보는 하늘.

새들도 아직 잠들어 있고
이슬조차 내리지 않았는데

얼음장 같은 새벽마다
일 가시던 어머니.

풀리지 않는 숙제처럼 회한만 가득 안고
멍하니 추억만 삼키는데

먼 산 뻐꾸기가 가장 먼저 울음 운다.

그리움

기다림에 지쳐 그대 집 앞에 갔다가
너 없음에 힘없이 돌아오는 그 길에
그리움 실은 그림자가 따라오고 있었다.

너 또한 그리움 가득 안고 살고 있을까?
밤마다 엎드려 손편지 쓰지만
마음은 천만 갈래로 아파하고 있었다.

긴 세월 흐른 뒤에 그 집 앞 가더라도
웃으며 지나칠까 아무런 미련없이,
그런 날 있을까마는 이별조차 그립다.

소식 없는 날들

나를 멀리한다는 생각은 애써 멀리하고
혹시나 하는 마음에 문자를 보냅니다.

소식이 없다는 건
잊었다는 말이 아닐 테지요.

보고 싶다고 말하지 않아도
듣고 싶다고 전하지 않아도.

어딘가에서 나를 생각할 것이라는 믿음,
그것이 소식 없는 날들의 회신입니다.

그리움은

그리움은
가슴 깊은 곳에서 피어나는 가냘픈 수선화,
가슴 일렁이는 속살 깊은 장미.

이별이 이별로 남듯이,
그리움은 그리움으로 남아야 한다.

스쳐가는 세월 속 먼 인연처럼
날마다 침묵으로 피어나는

그리움은 사랑이다.

눈비 오거든

눈비가 함께 내리면
가만히 창가에 앉아보라.

비는 말이 없고
눈은 침묵으로 고요하니.

슬프고 기쁠 것도 없는 인생이
섞여서 내린다.

눈비 오는 날이면
말없이 창밖을 바라보라.

눈비 맞고 떠난 그 사람의 이름이
젖은 나뭇가지에 매달려 있을 테니.

가을이 가지 못하네

가을이 감나무에 걸려있어.
길 옆에는 흰 국화,
울타리 따라 코스모스가 가득한데
가을은 서둘러 가려 하지 않아.

빈 의자 위에
조금은 더 따뜻한 햇살을 남겨야 하고
김장배추 속살도 채워야 해.
후박나무 잎사귀에
지난여름 이야기도 한 줄 더 적어야 한다네.

가을은 여전히 아린 가슴으로
먼 하늘 가신 어머니처럼
내 곁에 머물러 있으려나.

장독을 묻으며

서늘한 곳에 장독을 묻습니다.
장독은 비어 있습니다.
살아온 날들도 비었습니다.

헝클어진 그리움도
눈물 꾹꾹 눌러 담아놓고,
소금진 기억들도
장독 속에 넣습니다.

다시는 생각 말자는 다짐조차
장독 속에 절여 두고
야무지게
장독을 묻습니다.

수천 일이 지난 뒤에
광목 항아리 덮개 풀고
그때 또 다시 물어보고 싶습니다.

쓴 그리움만 남은 내 사랑이
아직도 그대의
가슴 시린 사랑이냐고.

너에게로 가는 길은

너에게로 가는 길은
귀를 막아도 들린다.
바람을 깨우는 날갯짓까지.

너에게로 가는 길은
눈을 감아도 피어난다.
살랑이며 붉게 터지는
장미의 숨결처럼.

오감의 한계를 넘어
너와 나 사이에 떨리는 선율,
너에게로 가는 길은
내가 사는 이유이다.

장미와 울타리

사랑도 모른 채
사랑을 해요.

그저 기대고 바라보며
살아왔어요.

설레임으로 손을 잡고
오늘도 남은 어깨에
사랑을 감아요.

커피와 빵

내가 라떼라면
그대는 소보로.

달콤한 유혹일까
운명의 향기일까.

천천히 스며드는 그대 눈빛,
응시하듯, 절규하듯 촉촉한 웃음.

향기 품은 악마와 입술 닿은 그대
시간은 데워지고.

사랑의 계절,
봄밤이 깊어간다.

사랑하기로 하자

부드러운 붓으로
내면의 상처를 만지고
분노의 영혼을 감싸 안는 치유의 천사.

사월의 청보리와 청바람처럼,
도랑의 물과 다슬기처럼
서로를 보듬고 위무하는 것.

햇살 익는 난로에
온 천지가 따뜻하듯

이제 우리,
사랑하기로 하자.

월광 소나타, 보문호에서

그날 밤도 루체른 호수는 포근한 침대였다.
달도 와서 눕고 별도 와서 눕고
그리움도 따라와 누웠으리라.

오늘밤 보문호는
한낮의 거친 호흡조차 품고 자는데
나는 차마 그 침대에 눕지를 못한다.

어디쯤 있을까.
그가 선사한 그 달빛은.
빛줄기마다 몽롱한 그의 선율은.

눈마저 어두운 베토벤의 달빛일까.
월광月光의 법法으로 살지 못하면서
나는 여전히 보문호 언저리를 헤매고 있다.

장작을 태우며

장작은 별이다.
찬란히 빛나다가
마침내 사라지는.

그래서일까,
장작의 마음에는
별이 새겨져 있다.

별의 시간만큼
장작은 검은 재의 잔향으로 남지만,
온기는 붉은 빛으로
다시 별이 된다.

세상에 그렇지 않은 존재가 어디 있으랴.
자식 키우는 부모처럼.
스스로를 녹이는 촛불처럼.

불을 피우는 손이 아니라
타오르는 장작이 되고 싶다.

누군가의 마음 깊이
따스하게 새겨지는
별이고 싶다.

보이차를 마시며

따뜻한 물을 붓고
보이차 한 잔 앞에 앉으면
말보다 조용한 시간이 찾아옵니다.

첫 향기가 입술을 흐를 때
세상은 멈추고
당신을 향한 내 마음이 깨어납니다.

아른한 기억의 순간들이 오가고
오래된 풍경들이 차향처럼 스며들면
고요한 울림이 찻잔을 채웁니다.

눈을 감으니 쓸쓸한 듯 외로운 듯,
열린 기억을 닫고
마지막 한 잔을 바람에 날립니다.

묻어둔 사랑은 그렇게
또 한 세월 갑니다.

정조正祖 애미의 한중恨中

햇아지랑이가 피어납니다.
하얀 속살처럼 피어납니다.
그대가 그랬나요.
봄이 되면 소풍을 가자고요.
봄비 오는 저녁에 동궁을 걸으며
그대는 실없는 웃음을 지었지요.
지금도 그 웃음을 잊지 못합니다.
지금도 그 행동을 알지 못합니다.
수만 번 글을 써도
먹물은 핏물로 남습니다.
간절한 밤마다 복수초는
핏물로 맺었지요.

죽을 수는 없었습니다.
핏덩이 자식을 키워야 했습니다.
제일 높은 곳에 오르라고는 말 못 했지요.
행여 그대처럼 또다시 봄을 기다리다
봄을 놓치고, 동궁조차 잃을까.
그대, 오직 단 하나,
실끈 같은 운명이라도 살아만 주셨다면.
그래서 봄빛 청명한 날에
포동포동한 어린 아들 손잡고 동궁을 떠나,

멀리 벗어나 버드나무 춤추는 개울가 옆에서
그대 무릎베개하고 그 잘난 얼굴을
수만 번도 더 쳐다보고 싶습니다.

다시 봄이 옵니다.
흙이 젖고 새들이 분주합니다.
강변에는 철새들이 마지막 수욕을 하고
두견새도 쉰 목을 다듬고 있습니다.

그대여,
약속처럼 바람처럼
오실 수 있는지요?

천일야화 : 세에라자드에게

세에라자드여,
당신의 밤은 살아 있는 낮이고
낮은 오히려
죽음을 기다리는 밤입니다.

이야기는 어디서 나오나요?
날마다 죽음의 강에서 고기를 건지듯,
샤먼의 주문처럼
램프 속에서 피어나나요?

왕의 침실에 불이 켜지면
작은 떨림으로 이야기는 시작되고,
긴 미로를 지나, 가까스로
웃음의 강에 닿습니다.

세에라자드여,
밤마다 하루살이 꽃이 된 여인이여.
천 일을 태운 램프에 기름이 다 타듯,
왕의 가슴도 조금씩 타들어갔겠지요.

이제 천 개의 촛불이 켜지고,
첫날의 이야기는

또 다른 첫날의 기름이 됩니다.

천 일의 이야기는 천 개의 꽃,
천 일 동안 잉태한 사랑입니다.

2부 그림자의 무게

인생의 순서
해는 아침부터 지고 있었다
호수 풍경
가을 우주
인생 공부
담쟁이
흔들바위
낙타의 꿈
좌망坐忘1
좌망坐忘2
산행1: 이정표 없이
산행2: 이정표를 세우며
산행3: 하산
말하지 않아도 알게 되는
짧지만 긴 의문
왜 사냐면
알지 못합니다
다시 태어난다면
프로메테우스의 꿈
겨울 독락獨樂
밤하늘
너는 운명이다
다짐
인생살이
인생은 달빛 품은 강물이다

인생의 순서

우리가 태어날 때
생각이 먼저 올까
영혼이 먼저 올까.

우리가 죽을 때도
생각이 먼저 갈까
마음이 먼저 갈까.

꽃은 꽃대 위에 피지만
꽃대 속에는 이미
꽃싹이 들어있다.

인생은 앞뒤가 아니라
머무는 날들의 빛깔이고
행복의 깊이다.

해는 아침부터 지고 있었다

감나무 끝마다
설움이 달렸다.

해가 지니 서럽고
해가 떠도 서럽다.

호수에 앉아 봐도
산봉우리 올라가도.

눈치 없는 서러움은
날마다 자란다.

호수 풍경

하늘 위에 깔린 호수에
겨울 새 한 마리,
가뿐히 앉는다.

새가 온 이유는
살짝 스친 바람일까
구름 벗은 햇살일까.

왜 사느냐고 물어보면
새는 알 수 있을까.

호수처럼 풍경처럼.
살아라 할까.

가을 우주

감나무 잎 하나,
별 둘,
사람 셋.

가을 세상이 시작되었다.
가고 또 올 것이다.

너처럼....

인생 공부

별을 가리는 데는
반딧불로도 족하고

한 그루 나무로도
산을 막을 수 있다.

나의 작은 기침에도
저녁 평화는 달아난다.

별 따라
산 찾아 가는 길,

한 줄기 붉은 바람에도
무너지는 고행.

오는 길이 어려운데
가는 길도 어려울까.

쉽다면
누구나 했을
우리네 인생 공부.

담쟁이

오늘도 벽을 타고 오른다.
흙도 없고 길도 없는 곳에서
손발은 멈추지 않는다.

하루에 한 걸음씩,
햇빛 한 줄기 더 찾아
조용히 자리를 넓혀간다.

작은 바람에도 흔들리며
끈질기게 벽에 붙어
서로를 밀어 올린다.

담쟁이가 사는 방식은
조용히 뿌리를 올리는 것.

우리 모두는 담쟁이과 인생이다.

흔들바위

억겁의 무게로 버티고 섰다.

사람들은 날마다 나를 흔들지만
죽을 만큼의 세월 동안 버티며 살았다.

차라리 좀 더 밀어다오.
나도
꿈꾸던 세상으로 날아가고 싶다.

그러나 사람들이 기억하는
여기가
내 자리.

억겁의 한 세월 더 살다 보면
작은 모래 되어 세상을 떠도는
나를 볼 수 있을까.

나는 오늘도 흔들리고 있다.

낙타의 꿈

열사의 땅을 지날 때
저 먼 사구 위에서
빛나는 태양,
끝내 오아시스는 나타나지 않았다.

무너지는 어깨의 짐은 차라리 가볍고
목마름도 견딜 수 있었다만
지쳐 잠드는 밤마다
두 발 묶인 구속은 죽음보다 더했다.

충혈된 눈에는 눈물조차 마르고
유목의 피가 천형처럼 흐르는 그 밤에도
가쁜 숨을 쉬어야 했다.

오늘 다시
길 없는 길을 걷는데
목적지는 나타나지 않고
아무도 그 길을 말하지 않는다.

좌망 坐忘 1

한 걸음, 한 생각조차
내려놓고 앉는다.

지그시 감은 눈,
아미 사이로 스며드는 불빛,
그것만 보면 된다.

세상이 내 안을 스친다.
흐르는 물, 바람, 구름….

나는 아무것도 보지 않으리.
모든 것이 지나가고
나는 나로 있는 것.

내 마음, 내 몸은
하나의 저울.
움직이지 않고
무겁지 않는 것.

내일이 오지 않듯,
어제의 시간이 나를 잊듯이.
자연의 흐름 속,

그 속에도 나는 없다.

그러고 싶다.

좌망坐忘 2

오후 햇살이
창문 틈으로 쏟아진다.
탁자 위에 차 한 잔,
그것으로 족하다.

나를 안다는 것이
구름일까 망상일까.

주머니 속에 손을 넣고
되풀이해 온 발자국,
그렇게 지나온
무거운 시간들.

가만히 앉아 숨 쉬면 알 것을,
눈 감으면 오히려 밝은 것을.

산행1: 이정표 없이

마음은 쉼 없이 철썩이는 파도,
허공을 헤매는 느린 구름.

발길은 산을 오르는데
마음은 집에 두고 왔다.

내려올 줄 알면서도 올라가지만
돌아가는 길은 어디쯤 있는지.

고장난 줄도 모르고
제자리만 도는 인생,

서쪽으로 올라 동쪽으로 빠진다.

산행2: 이정표를 세우며

허겁지겁 오른 숨결을
산 아래로 되돌려 보낸다.

길이 없다고
없는 것은 아니다.
올라온 길도 길인 줄 몰랐으니.

바람이 가는 곳이
풀잎이 쉬는 방향.

이끼 벗은 돌에도
나무뿌리 굽은 가지에도
누군가의 흔적이 남았는데.

너를 위한 이정표 하나,
심장의 북소리로 남기고 싶다.

산행3: 하산

내려가는 길은 노래가 된다.
안단테도 좋고 모데라토도 좋다.
철 지난 유행가도 좋겠다.

햇살이 나뭇잎을 흔들고
바람이 물소리를 흉내낼 때
나의 걸음은 탱고를 닮아간다.

올라온 길을 기억하지 않기에
내려가는 길도 의심하지 않는다.

발밑의 돌들도
힘겨웠던 내 발자국 지운 지 오래다.

길은 이제 높낮이 비슷한
노래가 된다.

푸르른 하늘이 열리고
내 하루가 가만히 웃고 있다.

말하지 않아도 알게 되는

어떤 마음은
말보다 먼저 닿는다.
눈빛이 말을 걸고
침묵이 마음을 꺼낸다.

한 줄기 숨결 속에
그리움이 실려오고
손끝의 떨림 속에
아픔이 전해진다.

말하지 않아도 알게 되는
그 고요한 감정의 흐름,
그것은 오래 함께한 시간의 결과,
함께 살아낸 기억의 무늬이다.

우리는 때대로
가장 적은 말로
가장 깊은 이해를 남긴다.

그리고 우리는 알게 된다.
말이 전부가 아니라는 진실을.

짧지만 긴 의문

어린 사과 가지에
작은 새가 앉았다.

저만큼 지켜보다 손을 내밀자
새는 금방 날아가 버렸다.

내가 내민 손은 환대인가 위협인가.
나와는 상관없이 날아간 것일까.

나무가 오라고 했을까
바람이 가라고 했을까.

메마른 강둑에
찬 바람 부는 초봄.

새는 알고 있을까.
앉은 자리에 무엇이 남았는지.

왜 사냐면

하루 종일 땅을 쪼는 비둘기를 보라.
남의 알조차 품고 있는 저 따뜻한 부리.
왜 사냐고 묻는다면.

가판대에 물미역 올려놓고
흐르는 물을 훔쳐 사는
저 할머니의 오후.

왜 사냐고 묻지 마라.
묻는 동안에도
우리는 살고 있다.

사는 동안 발바닥은 땅을 짚고,
지치면
손바닥으로라도 걸어야 한다.

해가 뜨면 다시
왜 사냐는 이유는 없다.

알지 못합니다

동백의 꽃잎 수를 몰라
길을 걷다 동백잎을 세어봅니다.

오늘이 며칠인지 몰라
달력을 가만히 들여다봅니다.

바람이 부는 방향도
사람들이 언성을 높이는 이유도
알 수 없습니다.

세상은
알지 못하는 것
말하지 못하는 것들로 가득합니다.

삶이란 것도
반쯤은 모르는 채
그저 걸어가는 길인지도 모릅니다.

다시 태어난다면

나는 길 위를 구르는 돌이고 싶다.
구르다가 바람에 날려 민들레가 되거나
한세월 꿋꿋이 서 있는 소나무도 되거나.

먼 산을 보면 먼 산이 좋고
밤이면 밤마다 별이어도 좋겠다.

억겁의 시간이 흐른 뒤
끝내
소리 없이 흐르는 물결도 좋겠다.

내가 다시 태어난다면.

프로메테우스의 꿈

눈 덮이고 구름 가린 카우카소스 바위산은
희망과 절망이 쌓인 돌탑이다.

새는 더 이상 쪼아댈 간이 없어
서로의 살점을 파고 있다.

인간의 꿈은 불타서 없어지고
프로메테우스는 결국 희망을 삼켰다.

자신이 가져온 것은 결국
불이 아닌 불행인 것을.

우리가 꿈꾸는 희망도
끝내는 절망인 것을.

그래서 카우카소스 바위산은 다시
희망으로 남았다.

겨울 독락獨樂

가장 추운 날에
독락당 마루에서
독락을 느낀다.

마당 한 켠에는
조각자나무, 가시가 박혔다.
무화과나무는 향기가 없고.

발 시린 새들만 사는 옥산 천변,
얼음 낀 너럭바위돌은
독락 현판만 쳐다본다.

우리가 날마다 채우는 건
중독되는 향락들,

채워야 할 독락의 기쁨은
이미 겨울천처럼 말랐다.

대문을 나서는데 독락당이 묻는다.
너는 홀로 즐기며 사느냐고.

밤하늘

밤하늘을 보는 것은
낮하늘이 싫어서가 아니에요.

밤하늘의 별을 보는 것은
낮 동안 잠시 잊은 나를 찾기 위함이요.

낮에 못 찾은 행복이
밤하늘에 있을까 하여.

누구나 자기의 별이 있다고 하지요.
흐린 밤하늘에는 가장 밝은 별만 보이고
좋은 날에는
수많은 우리를 볼 수 있지요.

별이 없는 날에는
내가 별이 되면 된답니다.

우리 모두는
별이 되기 위해 태어났으니.

너는 운명이다

내가 생명을 다해
지켜야 할 또 하나의 나.
너는 운명이다.

싫증나지 않는 아이스크림,
잠시라도 참지 못하고
녹아내리는 달콤함.

가라느니 오라느니
말조차 필요없는,
참 많이도 붙어다닌
그림자 같은 너는,

내가 영원히 붙잡고픈 시간이다.

다짐

한 줌의 권력에 힘쓰지 말 것,
더 큰 권력은 떨어지는 칼날.

많은 숫자에 마음을 둘수록
통장의 무게에 짓눌리는 심장.

한 발짝 뒤로 하면
두 발 앞이 보이는데.

저 먼 청산은 오늘도
뒤로만 멀어간다.

인생살이

우리 이제
사랑하며 살기로 하자.
싸우지 말고 살기로 하자.

까마귀와 까치가 텃세 싸움하는
저 소리가 밉지도 않은가.

그래도 긴 세월 살아야 하는데
손은 못 잡더라도
따뜻한 눈인사는 나누며 살자.

우리 이제
이름 불러주며 믿기로 하자.
잠꼬대 소리도 참기로 하자.

말없이 서로 기대는
꿀벌과 아카시아가 이쁘지 않은가.

인생은 달빛 품은 강물이다

강물 위에 달빛 연필
내 이름 석 자 적고
흐르는 물결에 묻는다.

열심히 살아온 내 인생
어디에 있을까?

이름도 자취도
강물만 알고 달빛만 안다.

찾으려 하지 말자
애쓰지 마라.

아무것도 남기지 않는 것이
모든 것을 품는 것.

인생은 지나가는
달빛 품은 강물이다.

3부 강을 건너며

흔들리며 가는 강물
강물과 다리
마음이 허(虛)하거든
말의 무게
눈을 감으면
숨겨진 것들
저마다의 무게로
너를 닮은 그림자
인생은
산책길
동행
뒷바퀴에 걸린 시간들
인생
산속 계곡물
하루
까페에서
나비는 담을 넘고
구월의 달력

흔들리며 가는 강물

수십 가닥의 샛강을 모으고 모아도
출렁대는 마음은 어쩔 수 없다.

얼마나 논밭을 적셔야 하며
얼마나 물레방아를 돌려야 할까.

가야 할 바다는 너무 멀다.
차라리 바위틈 약수로 남아
가는 이의 목이라도 축일 것을.

청산이 바다인 듯
바다가 청산인 듯
그렇게 살 것을.

강물과 다리

다리 위에서 강을 보면
다리를 건너는 것은
내가 아니라 강물이다.

그 강물에 떠내려 온
나는 다리에 걸려있다.

다리에 걸린 채 둥근 달을 보았고
강물의 사연도 들었다.

강과 하나 될까
다리에 걸려 살까.

강에 비친 내 그림자가
흔들리고 있다.

마음이 허虛하거든

마음이 허하거든
찬 공기 가득한 밤기운 마시며
하늘을 무심히 올려다보자.
별도 저만치서 떨고 있지 않은가.

마음이 허하거든
길 가는 사람을 무료히 바라보자.

새벽 공기도 깊이 마셔 보자.
우리는 다 채우고 있음을 알게 되리니.

홀로 길 떠나는 나그네 되어
조용히 이 모든 순간을 지나가 보자.

마음이 허하거든.
아프도록 허하거든.

말의 무게

침묵 속에서 건져 올린 말은
깊은 바다의 무게를 가진다.

가슴에서 입으로 오는 동안
무게는 증발하고,
가장 무거운 말은
못다 한 말로 남는다.

늘상
그 무거운 말에
가벼운 날개를 다는 수다들.

침묵으로 피는 꽃,
그 말의 꽃말은
지긋한 웃음이다.

눈을 감으면

눈을 감으면
세상이 조용해집니다.
빛도 소리도 이름도 사라지고
오직 나만이 남습니다.

비로소 어둠 속에서
말없이 다녀간 마음들이
고요한 숨결로 피어납니다.

현실의 껍질을 벗고,
감각의 그림자를 따라 가면
내 안의 작은 세상에 다다릅니다.

거기엔 오래된 나의 목소리가 있고
아직 말하지 못한 사연도 있습니다.

눈을 감으면,
세상에서 멀어지지만
가장 가까운 나에게 다가갑니다.

숨겨진 것들

아시나요,
우리가 모르는 세상을
매 순간 우리가 살고 있음을.

낙타를 타고 사막을 건너는
카라반의 노래와,
초원에서 말을 달리는
유목민의 호흡을.

별을 헤아리는 소년의 꿈,
누군가는 장작을 태우며
불면의 밤을 견디고 있음을.

해 저물녘
안개차 한 잔 들고
먼 산을 바라보는 눈빛과,
오지 않는 봄을 기다리는
노옹의 기도 소리를.

그대는 아시나요,
이 모든 숨겨진 이야기들이
날마다 반복되고 있음을.

저마다의 무게로

구름은 구름대로
사람은 사람대로
저마다의 무게를 안고 산다.

나의 무게는 얼마나 될까
저울에 달린 인생은
입을 놀린 만큼의 수치일 뿐.

그 무게를 줄여야 한다.
그 무게로 살 수가 없다.

바람의 무게는 자유,
햇살은 무게 없어도 따뜻하지 않은가.

너를 닮은 그림자

말의 그림자가 침묵이듯
나의 그림자는 당신입니다.

내 그림자를 만드는 빛도
여전히 당신입니다.

내 그림자조차
내가 아니듯,
내 말도 나의 말이 아닙니다.

나는 어디에도 없습니다.
당신의 그림자가 내가 된다면.

인생은

먼 별에서 날아온 돌 하나,
이리저리 다듬는 게 오늘이다.

그 돌이 보석 같은 별이 되어
먼 하늘로 가는 것이 내일이다.

예고된 기적,
인생은 낙엽 위의 봄날이다.

산책길

강 따라 가면 된다 하여
멀리까지 왔는데
길은 문득 숲속으로 사라졌다.

세월 따라 살면 된다 하여
기쁘게 왔는데
걸어온 길은 내 길이 아닌 듯.

인생은 늘 낯선 산책길이다.

동행

발걸음 내딛을 때마다
가로등 켜지는
그런 인생은 행복하다.

두려운 순간마다
등대 환히 켜지면
그런 삶도 기쁨이다.

멀리 걸어온 길,
이제는 불 밝히며
함께 가는 게 소망이다.

뒷바퀴에 걸린 시간들

테잎처럼 늘어진 시간 위로
자전거가 질주한다.

느리게 빠르게
때로는 쉬면서.

여름날에는 늘어지고
겨울에는 짧은 테잎.

페달을 밟는 만큼
바람도 거세다.

앞바퀴가 빠르면
뒷바퀴가 지친다.

앞바퀴는 신이 나서
뒷바퀴를 재촉한다.

오늘도 뒷바퀴는 힘겹게 돌아간다.
어디로 가는지도 모른 채.

인생

이슬방울 하나,
오선지 음표로 흐르다가,
미완성 되돌이표를 만든다.

꿈인 듯 지나온 시간,
계절마다 인연을 맺었다.

기쁜 듯, 슬픈 듯
스치듯 뿌리박힌.

인생은
화사한 노을 구름,
이슬 만드는 햇빛이다.

산속 계곡물

깊은 산속에 작은 용궁 하나 있었다.

치어는 물 밖으로 고개를 내밀고
성어는 천천히 이리저리.
바위틈 한 곳에는
긴 수염 가물치가 하품을 한다.

참나무 잎 하나 물결대로 흐르는데
그 위로 도토리 하나 뚝 떨어진다.

매미 소리는 물소리와 섞여
산속 작은 세상은 온통 지음知音이다.

하루

살아갈 짐을 이고
산에 오른다.

하나둘 짐이 줄면
하늘 밑 정상이다.

짐 덕분에 올랐을까,
짐 없어도 올랐을까?

짐 하나 더 챙기는
오늘도 산행길.

까페에서

커피를 주문한다.
오늘은 부드러운 이야기를 하리라.

커피를 비우는 동안
커피잔을 채우는 것은 수다.

사연 많은 이 세상은
날마다 넘치는 카페다.

저마다의 인생이 모여
세상은 찻잔 속에 빛나고.

입술만큼 가벼운 우리는
오늘도 수다를 마신다.

나비는 담을 넘고

I

나비가 꽃밭을 맴돌다가
물가에 앉는다.

가볍게 날아 술래잡기하다가
담을 넘는다.

담벼락에 걸린 것은
어디에도 앉지 못하는
꼬리 긴 내 그림자.

II

나비는 내 집으로 오지만
나는 나비의 집을 갈 수가 없다.

예약 없이 왔다가
기약 없이 날아간다.

꿈에서도 그 길을 갈 수가 없다.
나비를 보고 있어도 알 수가 없다.

구월의 달력

서른 개의 각설탕을 선물로 받았다.
하루 하나씩,
때로는 동그라미 치면서 알사탕을 만든다.

한 달이 지나고
알사탕보다 각설탕이 더 많다면
그 날들은 그냥 그대로 살아간 날.
아무 일도 없는 날이 좋기도 하다만.

각설탕은 다시 녹아 빈칸으로 남고
알사탕도 언젠가는 녹을 테니
구월의 무게는 갈수록 가볍고
다가올 시월조차 허전하다.

4부 풍광의 숨결

봄이 오는 길목
봄의 공간
목련이 지는 이유
동백꽃
나무 친구
루앙프라방 메콩강에서
박수기정에서, 파도의 꿈
청도 유등지에서
가을 어느 날
오색단풍나무
낙엽은 아직 땅에 닿지 않았다
아침 단상
수영강의 일몰
운문댐 겨울 풍경
겨울 호수
녹턴 NO.20, 겨울 강 백조처럼
겨울 이별
함박눈이 내리던 날
주문진 바닷가에서
풍란
낙동강은 거꾸로 흐른다

봄이 오는 길목

매화꽃이 터지던 날,
하늘이 열렸다.

그대 입술 붉던 날,
계절 끝자락에 서있던
사내와도 이별했다.

새침한 그대 햇살 웃음에
비로소
산수유 노란 날이 열렸다.

봄의 공간

봄은
잠든 존재를 흔들어 깨우는
위험한 진동이다.

물의 중력을 거슬러
나무는 스스로 일어나고.

붉은 매화가
겨울의 빗장을 열고 선봉에 서면
참꽃은
붉은 깃발을 흔들며 그 뒤를 따른다.

잎보다 먼저 터지는 건
운명에 저항하는 신음,
이것은 봄꽃의 운명일까.

봄의 공간은 고요한 전쟁터,
심장 깊은 곳에 꽃바람 깃대 꽂는
생존의 반란.

너도
그럴 것이다.

살아있다면.

목련이 지는 이유

천상의 흰옷 입은 선녀들이
목련 가지에 앉았다.
순백의 꽃으로 사뿐히 앉았다.

봄은 아직 오지 않았고,
발이 시린 선녀는
서둘러 밤을 떠났다.
흰 자락만 남겨두고 어지러이 떠났다.

지상의 봄은
천상보다 늦는가 보다.

그래서일까,
목련이 져야 온 세상이 꽃밭이다.

동백꽃

마리 앙뚜아네트의 단두대인가.
붉은 얼굴이 뚝뚝 떨어져
바닥에 뒹굴고.

아-,
땅으로 되돌아가는 영광들,
생명을 부여한 신이
다시 그 붉은 아름다움을 거두어들이는 계절.

꽃은
한순간의 위험한 유혹,
스스로 감당 못 할 죽음의 여신이다.

나무 친구

강물을 끌어다가 솔방울 낳고
어린 청솔을 키우는 나의 친구야,
하늘 향해 웃음 던지는 너를 닮고 싶구나.

백 년이고 천 년이고
이 자리에 굳게 서서
세상이 늙어가는 모습을 지켜보거라.

루앙프라방 메콩강에서

루앙프라방,
부끄러움이 미소가 되어
조용히 숨 쉬는 곳.

기꺼이 메콩강에
한줄기 회한을 흘려도 좋다.
그리고 그들처럼 웃어도 좋다.

별것 아닌 인생도
헛되이 살 수 없음을
저들의 짐바구니에서 배울 수 있다.

흙길 위에 먼지가 날리면
기억 저편에서 꿈틀대는
고향 신작로.

지친 몸 다시 누일 수 있는 곳,
루앙프라방 강줄기에
유년의 무지개가 걸려 있다.

박수기정*에서, 파도의 꿈

이제는 절벽처럼 서 있는 너와
작별할 시간이다.
조약돌과도 이별하고 싶구나.
내 마음이 푸르게 멍들어
이제는 먼 바다로 떠나고 싶다.

너와 만나 거품을 만들고 또 부서지고
양떼 같은 파도를 만들고 또 지우고
그렇게 한세월 힘겹게 살아왔다.

사람들은 나를 보고 열정을 배우지만
나는 날마다 부서지고 있었다.

사랑은 사랑대로
사연은 사연대로
천만년 세월 속에 새기듯 남겨두고,

이제는 너와 낯선 악수를 하고
그렇게 또 한세월 흘러가고 싶구나.

---

* 박수기정: 제주도 서귀포시 안덕면 감산리 대평포구 근처에 있는 절벽 이름. '박수'는 샘물, '기정'은 절벽을 뜻한다.

청도 유등지에서

솜털구름 가을날
연꽃은 모두 지고
연밥마저 수확한 자리,
수천의 연잎은
지친 세월에 어깨가 무겁고
알알이 박힌 연밥은 여름날의 해탈이다.

가득 핀 계절은 어디로 갔을까.
기어이 찾아올 봄날로 갔을까.
그 긴 시련을
다시 또 준비하는 것인가.
억겁의 윤회를 하고도 모자라
자신을 또 한 번 비워야 하는가.

뜯기어 나간 문짝처럼
쓸쓸함조차 벗겨내면
비로소 불어오는 텅 빈 하늘 숨소리,
그 울림에 귀 기울이면
오늘은 들을 수 있을까.

나도 군자정에 깊이 앉아
하얀 연꽃을 피우고 싶다.

가을 어느 날

구월의 첫날,
가을은 오려 하는데
태양은 아직 하늘 복판에 서있다.
만물은 고개를 떨구고
해 지는 속도를 늦춘다.

풀을 뽑고,
홍시를 따고,
코스모스에 물을 주고.

찬물 대야에 손 담그면
내 삶의 뜨거움도 식는다.

해 질 녘 노을 속에
바라보는 구름,
멀리 비행기 하나 지나가면
내 안의 소음도 따라서 멀어진다.

오색단풍나무

오색단풍나무는
봄부터 화사하다.

고아한 자태로,
패션의 여왕처럼
계절의 무늬를 하나씩 걸쳤다.

그러나 밤이 되면
오색은 하나의 색이 되어
빛보다 더 빛난다.

단풍이 익어갈수록
내 마음도 단심이 된다.

낙엽은 아직 땅에 닿지 않았다

문을 열면
가을 향내음 스며들고
단풍이 매달린 자리에
바람이 길을 쓸며 지나간다.

나는 앉아 그저
바람의 마지막 숨결을 엿듣고 있다.

작은 정원 한 켠에는
흙냄새와 낡은 나뭇잎의 흐느낌,
참새의 짧은 노래가
저마다의 시간을 남기고 사라진다.

이 세상 나의 이름도
많은 말들과 시간 속에
스쳐 지나가고 있다.

내가 걸어온 길에 내리던 빗방울,
손끝에 닿은 따스한 햇살,
모두 다 무엇이었나.

바람은 세상 끝까지 불고

세상의 고통이 나를 스쳐도

나는 아직
한 잎 낙엽처럼
땅에 떨어지지 않았다.

아침 단상

멀지 않은 산봉우리
그 뒤에 또 봉우리,
그리고 더 먼 첩첩 산봉우리.

산봉우리 쳐다보는
까치 한 마리,
아침부터
미루나무에 앉았다가
감나무에 머물다가.

우리네 인생도 가면 또 산인데
아침에 웃었다가
저녁에 울었다가.

까치가 보는 산을
아침부터 나도 본다.

수영강의 일몰

해가 저물면 수영강은 붉은 숨을 토해낸다.
빛은 동쪽으로 길게 뻗어 매일 그 시간
도시의 물살 위에 거대한 혈맥을 그린다.

깊은 태동이 일고 핏빛 물결이 번지면
물고기들은 선혈 속에 깨어나
비늘마다 불꽃이 되고
강물은 어느 새 생명으로 요동친다.

뜨거운 물살이 걷히고 황령산 자락 따라
저녁 해가 사라져도
강은 밤늦도록 잠들지 못하고
핏빛 물결이 지나간 자리마다
고요한 생명을 잉태한다.

매일 한 번씩, 같은 시간에
하루도 어김없이.

운문댐 겨울 풍경

하늘은 얼음장 호수,
기러기 한 쌍이
하늘을 차고 오른다.

어른 섬, 아이 산
옹기종기 모여 앉아
발목까지 스민 한기를
서로 보듬고 있다.

물 밑으로 흐르는 동네,
사라진 과거가 서러워
망향인은 말을 잃은 채
물 먹은 석양만 하염없이 바라본다.

겨울 호수

호수 창가에
후드득 새 한 마리 날아가 버렸다.

햇볕도 따라가 버린 창가,
투명한 호수 위에
얼음은 밤마다 제 키를 키운다.

작은 사시나무에는 작은 눈송이가,
함박눈 이고 선 소나무는
힘겹다고 몸을 떤다.

나도 내 몸을 흔들어본다.
어깨에 달랑
솜털 하나 앉았는데.

녹턴 NO.20, 겨울 강 백조처럼

쇼팽의 피아노 소리,
차가운 강가에 음표를 남긴다.

백조 한 마리,
접었던 날개 펴고
음반 같은 물결 위로 치고 오른다.

얼마나 기다린 선율인가,
발 시린 백조의 고독처럼.

음악이 멈추면
백조는 외발로 서서
긴 목을 들어 먼 봄 하늘을 기다린다.

겨울 이별

발자국은 눈 위에 서글픈데,
뒤돌아보지 않는 너의 모습.

긴 외투가 바람에 흩날리고,
스카프 끝자락이 너를 따라 떠난다.

얼어붙은 강물 아래
잡아도 머물지 않는 사랑.

나뭇가지 흰 서리조차
그대처럼 말이 없고.

남겨진 길 위로 눈송이 내려
떠나는 발자국을 감싸며 지운다.

네가 떠난 자리는 여전히 고요하고,
눈물 얼어붙는 바람만 시리다.

떠남은 끝이 아니라고 하지만
어디서 만날지 모르는 아픔.

강변은 떠나는 선로에 선
이별 정거장이다.

함박눈이 내리던 날

눈이 내린다.
거부하듯 흩날린다.

희망 없는 세상에 희망으로 오지 말기.
미련 없는 세상에 미련 두고 가지 말기.

빗물인 듯
눈물 닦는 세상살이.

그래도 한 세월 인생,
웃으며 살면 되지.

흩날리던 눈이 천천히 그친다.
아쉬운 듯 작별하듯.

주문진 바닷가에서

어스름한 저녁 불 하나둘 켜지고
도깨비에 홀린 듯이
소나무 숲길을 걷다보면
생각은 차라리 콧등 시린 2월의 겨울이다.

주문진 바닷가
두어 개 횟집은
인적 드문 바람 사이로 불빛조차 시원찮고
먹을 것 없는 생선을 들어 올리는
낚시꾼의 손끝이 얼어 있다.

잔챙이처럼 작은 등불은
먼 바다를 볼 줄 몰라
이른 저녁부터 밤잠을 조는데.

내 발끝을 이끈 사연도
긴 방파제 넘어
바다 속으로 가라앉고 있었다.

아름답게 잊어야지.
그리움은 행복이기에.

풍란

천리 밖에서 찾아온 북풍,
아름다운 향기 되어
남으로 가네.

밤마다 자란 사연들,
씩씩한 꽃대 되어
사랑을 만나네.

그대는 알리라.
내 마음에 꽃을 피운
간밤의 떨림을.

낙동강은 거꾸로 흐른다

낙동강 기억은
남에서 북으로 흐른다.

다대포를 역류하여 을숙도를 지나고
영천 내 고향 금호강을 만났다.

선산을 지나 태백 황지에 이르면
강줄기는 간당간당
명줄 하나만 남아 있다.

인생은 되감는 시계 태엽,
강 속의 청석바위도
강변의 사과나무도
기억 따라 그립다.

자꾸만
세월은 거꾸로 흐른다.

작
/
가
/
노
/
트

작가노트

권오경

    문학을 한다면서 한 편의 시를 읽을 여유조차 없던 날들이 있었다. 몸은 바빴고, 마음은 메말랐다. 각성은 불면의 밤과 함께 찾아왔다. 코로나 시절 청도 운산리의 텃밭살이가 준 고요 속에서 시는 다시 자리를 잡았다.

    아름다운 시를 쓰고 싶었다. 맑고 밝은 시를 쓰고 그런 시들이 모여 사는 시집을 세상에 남기고 싶었다. 내 마음의 강에서 펄떡이는 숭어를 놓치고 싶지 않았기 때문이다. 숭어는 유년의 기억이자, 내가 살면서 겪은 특별한 순간들이다. 나는 시를 쓰면서 나만의 체험을 공적인 언어로 확장하고 싶었다.

    이 시집의 시들을 굴비처럼 엮어낸다면 그 대강은 '순간', '명상', '빈자리와 그리움', '순환하는 자연'이다. 이제 내가 걸어온 작시作詩의 여정을 되돌아본다.

● 순간이 만드는 길

 시는 언제나 순간 속에서 잉태된다. 그 짧은 시간 틈을 언어로 붙잡는 것이 시의 본질일 것이다. 나는 '순간이 모여 길을 만든다.'는 생각으로 삶의 과정을 잡으려 했다. 살아온 인생을 돌아보면 남아 있는 것은 길이다. 그리고 그 길은 순간의 흔적들이 모여 이루어진 것이다.

> 스쳐 지나간 그 여인은
> 수천의 밤을 달려온
> 비너스의 불빛이다.
> ―「찰나」중에서

> 그대는 알리라.
> 내 마음에 꽃을 피운
> 간밤의 떨림을.
> ―「풍란」중에서

 기차를 타면 스치는 창가에 첫사랑이 앉아 있는 듯한 순간을 만난다. 스쳐 지나감은 단순한 우연이 아니라, 세상이 인간에게 선물하는 한순간의 빛이다.
 '풍란'이 터지는 것도 순간이다. 수많은 불면의 밤을 떨림 속에서 피어 올리는 꽃이겠지만 우리는 밤새 핀 꽃으로 바라본다.

- 낙엽이 떨어지기 전의 미묘한 순간
  - 「낙엽은 아직 땅에 닿지 않았다」
- 호수에 새 한 마리 앉는 순간
  - 「호수 풍경」
- 인생은 한순간 지나가는 달빛 품은 강물
  - 「인생은 달빛 품은 강물이다」

이러한 시적 이미지 속에는 순간의 미학을 담는 시인의 마음이 내재되어 있다. 순간의 생멸을 시적 이미지로 형상화하는 것, 덧없음으로 포장된 진지한 찰나, 그 순간들이 모여 삶이라는 길을 이룬다는 것, 이것이 내가 시를 쓰고 인생을 관조하는 시각이다.

쇼팽의 피아노 소리,
차가운 강가에 음표를 남긴다.
 - 「녹턴 NO.20, 겨울 강 백조처럼」 중에서

겨울 강가에 백조가 긴 날개를 펼치면서 물결을 치고 비상하는 그 순간. 쇼팽의 〈녹턴〉 20번 피아노 소리가 들린다. 이것은 영감靈感이다. 나는 어떤 음반을 칠 것인가? 그래서 시는 시작된다.

● 그리움과 결핍의 미학

이 시집의 1부는 부재와 상실, 그리움, 그리고 사랑을 다룬다. 그리움은 결핍이나 부재, 단순한 감정이 아니라, 새로운 시작의 원동력이 된다. 그래서 시 속의 '빈자리'는 누군가가 떠난 자리가 아니라, 나를 새롭게 하는 공백으로 기능한다.

> 어딘가에서 나를 생각할 것이라는 믿음,
> 그것이 소식 없는 날들의 회신입니다.
> ―「소식 없는 날들」 중에서

> 눈비 오는 날이면
> 말없이 창밖을 바라보라.
>
> 눈비 맞고 떠난 사람의 이름이
> 젖은 나뭇가지에 매달려 있을 테니.
> ―「눈비 오거든」 중에서

그리운 사람의 이름은 늘 주변에 머물러 있다. 같이 앉았던 벤치, 같이 본 영화, 같이 나눈 일상들 속에서. 그래도 볼 수 없는 마음은 아프다. 특히 그 대상이 부모님일 경우 그리움은 흠뻑 젖은 나뭇가지가 된다. 「새벽에 깨어」, 「가을이 가지 못하네」 등, 이 시집에서 그리움의 많은 대상은 내 어머님이시다.

누구나 그러하듯이.

또한 '헝클어진 그리움'과 '쓴 그리움만 남은 내 사랑'(「장독을 묻으며」), '묻어둔 사랑'(「보이차를 마시며」)와 같은 구절들에서 나는 그리움을 정면으로 마주한다. 그리고 그 해답을 사랑에서 찾는다. 「너에게로 가는 길」, 「장미와 울타리」 등이 그러하다.

스쳐가는 세월 속 먼 인연처럼
날마다 침묵으로 피어나는

그리움은 사랑이다.
　　　　　　　　　- 「그리움은」 중에서

그리워한다는 것은 무엇을 의미할까? 단순히 누군가를 떠올린다는 뜻이 아닐 것이다. 나는 시를 통해서 나 자신이 불완전한 존재임을 자각하고, 그 결핍 속에서 삶의 의미를 새롭게 키워가는 힘을 얻고자 한다. 이때 그리움은 생명이고 생존이고 행복이 된다.

● 존재와 실존의 무게

2부와 3부에 해당하는 시편들은 인간 실존의 본질적 물음을 다룬다. '왜 사냐면'이라는 질문으로 시작된다.

왜 사냐고 묻지 마라.
묻는 동안에도
우리는 살고 있다.

― 「왜 사냐면」 중에서

'좌망坐忘'은 조용히 앉아 묵상하는 경지를 말한다. 좌망하는 태도는 존재의 실존적 긴장과 관련되어 있다. 나의 시는 이 긴장 위에서 서성이는 흔적들이다.

한 걸음, 한 생각조차
내려놓고 앉는다.

지그시 감은 눈,
아미 사이로 스며드는 불빛,
그것만 보면 된다.

― 「좌망坐忘1」 중에서

나는 동양철학에 기대는 바가 크다. 도가의 사유는 시의 고요와 침묵의 미학을 이해하는 배경이 된다. 「좌망」 연작은 사유의 순간과 결과를 현대적 감각으로 변용한 것이다. '가만히 앉아 숨 쉬면 알 것을, 눈 감으면 오히려 밝은 것을'이라는 구절은 존재의 진실이 언어적 논증이나 의식적 사유 속에 있는 것이 아니라, 침묵과 무언無言 속에서 드러남을 보여주고자 한 것이다. 나의 생리적 취향이 그러하다.

우리가 태어날 때
생각이 먼저 올까
영혼이 먼저 올까.

우리가 죽을 때도
생각이 먼저 갈까
마음이 먼저 갈까.

- 「인생의 순서」 중에서

이런 질문은 단순한 호기심이 아니라, 존재의 근본적 성격을 드러낸다. 삶은 시작과 끝 모두 불확실한 상태로 주어진다. 순서는 없다. 몸과 생각, 삶과 죽음은 언제나 공존한다. 실존의 질문은 무거우나, 그 무게가 우리를 살게 한다. 그리고 때때로 실존을 흔들기도 한다.

얼마나 논밭을 적셔야 하며
얼마나 물레방아를 돌려야 할까.

- 「흔들리며 가는 강물」 중에서

사람들은 나를 보고 열정을 배우지만
나는 날마다 부서지고 있었다.

- 「박수기정에서, 파도의 꿈」 중에서

존재, 혹은 실존은 직진이 아니다. 흔들림이고 부서짐이다. 구르고 날리고, 그러다 흔들림 없이 저마다 제 자리 하나 잡고 앉는 것이 실존이다. 본질이 없는 자유로운 상태, 그것이 흔들리는 실존일 것이다.

● 길과 여정의 은유

나의 시집 전반을 꿰뚫는 메타포는 순간의 연속성으로서의 '길'이다. 시 속의 강, 산행, 나비, 뒷바퀴에 걸린 시간들은 모두 길의 다른 표현들이다. 그것들은 구체적 체험이면서 동시에 존재의 여정을 드러내는 상징이다.

> 다리 위에서 강을 보면
> 다리를 건너는 것은
> 내가 아니라 강물이다.
>
> 그 강물에 떠내려 온
> 나는 다리에 걸려있다.
>
> 다리에 걸린 채 둥근 달을 보았고
> 강물의 사연도 들었다.
>
> 강과 하나 될까
> 다리에 걸려 살까.
>
> 강에 비친 내 그림자가
> 흔들리고 있다.
>
> — 「강물과 다리」 전문

다리 위에서 강을 보는 행위는 '다리를 건너는 것은 내가 아니라 강물'이라는 역설적인 인식의 출발점이다. 즉, 인간의 주체적 행위보다 더 큰 자연(강)의 흐름이 삶을 규정한다는 깨달음이 생기는 순간이다. 그러다가 강물에 떠내려온 '나'는 스스로 강을 건너는 주체가 아니라, 강물의 일부가 되어 다리에 걸린 '객체'로 전도된다. 마침내 '강과 하나 될까 / 다리에 걸려 살까.'라고 고민한다. 흐름에 몸을 맡길 것인가, 아니면 다리에 걸려 살아남을 것인가? 이것은 존재론적 질문이다.

「뒷바퀴에 걸린 시간들」에서는 일상의 여정이 그려진다. 자전거 뒷바퀴에 얽힌 시간은 늘 따라오지만, 앞으로 나아가는 바퀴와 함께 다시 새로운 길을 만들어낸다. 과거는 사라지지 않고, 현재의 뒤를 따라오며, 미래를 향한 여정을 가능하게 한다.

세 편의 「산행」 작품에서 오르막 '길'의 고통은 실존의 무게를 상징하고, 하산의 길은 또 다른 삶으로의 귀환을 의미한다. 삶으로서의 산행은 상승과 하강의 반복 속에서 완성된다는 평범한 진리를 '길'을 따라 들추어 보였다.

밤길처럼 불안과 어둠 속에서 끝을 알 수 없는 여정 역시 이 시집에서 제시하는 하나의 길이다.

오늘 다시
길 없는 길을 걷는데
목적지는 나타나지 않고
아무도 그 길을 말하지 않는다.
- 「낙타의 꿈」 중에서

삶은 길 위에서만 가능하다. 비록 그 길이 목마르고 밤에는 도망치지 못하도록 발목이 묶이는 아픔이 있더라도 삶은 모래사막 위에 실존한다. 사실 길은 외부로서의 모래언덕이 아니라, 매일 목마르고 아픈 우리 내부에 있다.

● 자연과 순환의 사유

마지막 4부는 자연을 통해 삶의 본질을 성찰한다. 자연은 인간 실존과 분리되지 않는 토대이다. 나의 시에서도 자연은 단순한 무대가 아니다. 그것은 존재의 본질을 비추는 거울이다.

「낙엽은 아직 땅에 닿지 않았다」에서 '낙엽'은 소멸의 상징이다. 그러나 '아직'이라는 단어는 필연적인 떨어짐의 순간을 유예하면서 삶을 끝까지 붙잡고자 하는 마지막 여유이다. 이 소멸의 유예는 곧 존재의 의지다.

시집의 마지막에 실린 「낙동강은 거꾸로 흐른다」

에서처럼 강이 거꾸로 흐른다는 역설은 존재의 비선형적 구조를 드러낸다. 물론 역설적 흐름은 결국 다시 흐르기 위함이다. 인간은 자연 속에서 자신의 유한성을 자각하고, 동시에 순환의 질서 속에서 위안을 얻는다. 결국 자연은 나의 거울이다. 자연을 바라본다는 것은 곧 나 자신을 바라보는 일이다. 그리고 나 스스로의 길을 읽는다. 이것이 내가 시를 쓰는 이유이다.

● **마무리하면서**

'처음'은 언제나 두렵고 설렌다. 시집을 낸다는 일은 무모한 도전이자 어쩌면 부끄러운 고백일지도 모른다. 그러나 그것은 내가 안고 가야 할 '장작'이며 스스로 태워내야 할 '불꽃'이다.

나는 이 시집에서 존재의 순간들을 묶어 길처럼 내어놓았지만, 그 길은 여전히 투박하고 때로는 산만하다. 그러나 나의 시 짓는 작업은 한동안 계속될 것이다.

그 길 위에서 나만의 발자국을 찾을 수 있다면, 그리고 그 흔적이 누군가에게 작은 불빛이 된다면 이 여정 또한 의미 있을 것이다.

권오경 시집 **돌아보면 길이었다**

2025년 11월 12일 인쇄
2025년 11월 14일 발행

지은이 | 권오경
펴낸이 | 이병우
펴낸곳 | 육일문화사
주　　소 | 부산광역시 중구 복병산길6번길 11
전　　화 | (051)441-5164
이메일 | book61@hanmail.net
출판등록 | 제1989-000002호

ISBN 979-11-91268-89-8 03810

값 13,000원

* 잘못된 책은 바꿔드립니다.
* 이 책의 판권은 저자에게 있습니다.
* 저자의 허락 없이 내용의 일부를 인용하거나 발췌하는 것을 금합니다.